Ce livre appartient à
Bernadette Lavoie

Une sorcière pas ordinaire

Une histoire de **Françoise Le Gloahec**
illustrée par **François Ruyer**

Editions Hemma

« Carmagnole a un air drôle.
Est-ce une comédienne
qui se croit toujours en scène ?
Ou bien est-elle folle ? »

se demandaient les voisins
en la croisant chaque matin.

C'est vrai !
Carmagnole est une sorcière. Chut ! Personne ne le sait !
Angélique, la petite voisine, l'aide souvent à monter ses provisions.
Mais à chaque fois qu'elle dépose le sac sur le paillasson,
la vieille le saisit et hop ! disparaît derrière sa porte.
Bizarre, tout ça !

« Carmagnole n'utilise pas ses pouvoirs !
Si ce n'est que très tard, le soir,
lorsque l'escalier devient tout noir ! »

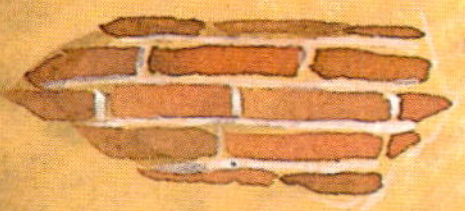

Ce soir, justement, elle se transforme en chatte de gouttière et saute sur les toits. Par une fenêtre ouverte, elle voit deux enfants et ricane :

« Patachou, rapata, patanouga »

Elle déclenche dans la chambre une avalanche de friandises et de chocolats. Ce flot sucré affole et dégoûte les enfants. Plus jamais ils n'aimeront les bonbons !

De fenêtre en terrasse, la chatte noire arrive sur le balcon.
D'un bond, elle s'élance. Patatras !
Carmagnole s'étale sur le sol et renverse d'horribles mixtures malodorantes.
– Aïe ! J'aurais dû attendre plus longtemps avant de reprendre mon corps de vieille dame de deux cent cinquante ans !
Elle se relève, se frotte les genoux. Elle boite.
– Je dois me préparer pour la grande fête des sorcières.
Si je ratais ce rendez-vous, j'en tomberais malade.
Ma peau deviendrait rose et lisse : quelle horreur !
Où sont mes grimoires, ces vieux livres pleins de recettes magiques ?
Ah, les voici ! Où est mon balai ?
La sorcière laisse échapper un long souffle de colère.
Les bougies s'éteignent.
C'est à ce moment qu'elle le découvre caché sous une montagne d'épluchures :
– Enfin, te voilà !
Mais… qui t'a mis dans un tel état ?
Le fameux balai est rongé par les rats.

Au premier essai, **CRAC !** –
il se brise et Carmagnole
se retrouve par terre.

« Saperlipopette, balai ou balayette !
Je dois en trouver un pour me rendre à la fête. »

Elle réfléchit, se gratte la tête - quelques poux tombent - et s'inquiète :
– Peut-être que la poissonnière, qui passe chaque jour
des heures à brosser son carrelage, me prêterait son balai ?
Elle court et se faufile le long des murs.
Hélas ! le rideau de fer du magasin est baissé. Carmagnole tremble d'énervement.
Epuisée, elle a oublié les paroles magiques et ne peut entrer.

POISSON

Soudain, elle aperçoit un bonhomme de neige.
Il a dans ses bras, devinez quoi ?
Un magnifique balai en paille de fabrication artisanale !
– Ah non ! crie-t-on. J'ai trouvé ce balai avant vous.
Je m'appelle Rémi. Au revoir !
D'un coup sec, il arrache le balai des mains de Carmagnole et part en courant. Notre sorcière devient bleue de colère.

« Sortilèges et maléfices !
Par le crapaud et l'araignée,
Et s'il te manque, je m'en fiche,
Je veux récupérer ce vieux balai. »

C'est la bonne formule.
Elle rejoint Rémi,
devant une usine abandonnée.
Il fait glacial.
Vous n'aimeriez pas !

– Quel merveilleux endroit, c'est un paradis ! s'exclame Carmagnole.
Autour d'eux surgissent hommes, femmes et enfants portant planches et sacs de ciment. Chacun veut souhaiter la bienvenue à Carmagnole.
– Pourquoi détériorer cet endroit ? s'indigne Carmagnole.
Pour une sorcière, rénover cette usine, la rendre agréable et habitable, c'est l'abîmer.
– Nous l'aménageons pour l'habiter, répond Rémi. Nous pourrons aussi nous laver tous les jours.
– Ce n'est pas important, dit la vieille femme qui ne fait jamais sa toilette. Et puis, cessons de discuter. Je suis une sorcière ! Je vais te faire si peur que tu me rendras ce balai.

Aussitôt,
Carmagnole se transforme
en une énorme araignée velue.

– Je veux bien te prêter « mon » balai. Dis-moi d'abord à quoi il te servira ?
Carmagnole raconte la réunion des sorcières, son balai détruit...
– Je pensais que les sorcières n'existaient pas ! Sont-elles toujours méchantes ?
– Naturellement ! Mais pour rester bien épouvantables, les sorcières doivent s'entraîner régulièrement car certaines d'entre nous se laissent parfois attendrir. Elles deviennent ces hideuses petites vieilles qui adorent recevoir leurs petits enfants pour les vacances et leur cuisiner des gâteaux au chocolat.
Quelle horreur !
– Moi, je n'ai pas de grand-mère. Est-ce que tu pourrais me dire où je pourrais en rencontrer une ? Cela me plairait tellement.
– Non, car je déteste faire plaisir.
Maintenant, rends-moi ce balai ou gare à toi !

À cet instant, les yeux gris de la vieille rabougrie
deviennent verts, puis jaunes et enfin se mettent à clignoter d'un rouge affolant.
Rémi n'a pas peur et propose :
– D'accord, je te prête mon balai. À une condition !

***« Scro gneu gneu, petit affreux,
Parle donc sale gamin, que me veux-tu enfin ? »***

– Après avoir échangé tous vos secrets,
tu viendras ici, avec tes amies pour nous aider.
Alors, est-ce que tu es d'accord ?
Énervée, mais de plus en plus pressée,
Carmagnole promet et pschittt ! s'envole.

Rémi et ses amis se réchauffent autour d'un grand feu,
lorsque la sorcière et sept de ses collègues surgissent sur leur balai.
Elles atterrissent au milieu des flammes.
– Carmagnole ! s'écrie Rémi, tu as tenu ta promesse, tu es une véritable amie !

« Ragada, pouah ! Amie ? Connais pas.
Car, chez les sorcières, plus on se déteste, plus on est fière ! »

Les enfants sont épouvantés. Elles ont un air cruel et un vilain rire édenté.
– Ne craignez rien. Ces sorcières sont venues nous aider, rassure Rémi.
Carmagnole et moi en avions convenu ainsi.

En ronchonnant, la vieille confirme :
– Les sorcières travailleront la nuit, sans bruit ni répit. Rémi nous guidera.

Bientôt la vieille usine prend une belle allure.
Les sorcières commencent à s'amuser :
dresser des cloisons pour former les appartements devient un concours où chaque vieille veut prendre l'autre de vitesse.

Pour peindre, elles chevauchent leur balai enduit de peinture : ce qui ne leur interdit pas de superbes batailles de couleurs. Des jets bleus fusent pour croiser d'incroyables gerbes orangées. Des projections d'un beau vert pomme épousent le rouge le plus vif. Foi de sorcière, c'est la première fois qu'on les a vues multicolores.

C’est quand même un peu inquiétant de les regarder traverser les murs,
de voir les outils flotter dans l’espace, et plutôt drôle de les entendre s’interpeller :
– Eh toi ! vieille canaille, où as-tu mis les tenailles ?
– Ici, grosse toupie, à côté de l’établi.
– Dis donc, Bérénice, où caches-tu le tournevis ?
– Mais là, Rebecca, tu es vraiment gaga.

Les transformations s’accélèrent.
À la fin de la semaine, tout le monde a emménagé.
Au premier « hourra » des parents,
les sorcières s’envolent :
elles n’aiment pas être cajolées.

Seule Carmagnole est restée. Elle vide son chaudron en grommelant :

***« Sapristi, ouistiti… Je ne peux partir d'ici
en laissant tous ces gamins qui ne sont que des humains. »***

– Vas-tu partir, toi aussi ? demande Rémi.
Tu sais, on t'aime bien. Tu pourrais rester ici.
Tu nous serais très utile et tu aurais ton coin pour faire pousser
tes herbes magiques.
Ça y est ! Carmagnole aime les enfants ! Elle l'avait déjà senti, autrefois,
lorsqu'elle croisait Angélique dans l'escalier…

Dépôt légal : 02.99/0058/036
ISBN : 2-8006-6749-4

N° d'impression : 36589806
Printed in EC